AF261934

RELATION

DU

VOYAGE DE S. A. R. MADAME

LA DUCHESSE DE BERRI.

IMPRIMERIE DE P. DUPONT, HOTEL DES FERMES.

RELATION
DU VOYAGE

DE S. A. R. MADAME

LA DUCHESSE DE BERRI,

ET DE SON PÉLERINAGE

A NOTRE-DAME DE LIESSE;

ACCOMPAGNÉE DE NOTICES HISTORIQUES.

Par M. BRAYER,

Rédacteur des Notices jointes à la Collection des Dessins lithographiés du Département de l'Aisne, publiées par M. PINGRET.

SE TROUVE A PARIS,

Chez
{ Mad. DUFRICHE, Lib, Palais-Royal, N° 154.
DELAUNAY, Libraire, Palais-Royal, N° 243.
PONTHIEU, Libraire, Palais-Royal, N° 252.
DENTU, Libraire, Palais-Royal, N° 265.

Et chez les principaux Libraires du Départem'. de l'Aisne.

1821.

Madame,

Retracer toutes les circonstances du voyage que votre Altesse Royale vient de faire dans le Département de l'Aisne, c'est consacrer le souvenir d'un événement à jamais heureux pour ses habitans. Si votre Altesse a paru voir avec plaisir tous les cœurs voler au-devant d'Elle, si elle a paru sensible aux témoignages d'amour, de respect et de reconnaissance qui partout ont éclaté sur son passage; puis-je espérer qu'Elle daignera accueillir avec indulgence l'hommage de cette faible production, dont le nom seul de votre Altesse fera tout le mérite, et qui nous rappellera sans cesse les marques si nombreuses de bienveillance et de bonté dont votre Altesse a bien voulu combler les Habitans d'un Département entièrement dévoué au Roi et à son auguste Famille

Je suis avec un profond respect,

Madame,

De votre Altesse Royale,

Le très-humble et très-obéissant Serviteur,

Brayer.

RELATION

DU

VOYAGE DE S. A. R. MADAME

LA DUCHESSE DE BERRI.

~~~~~~~~~~~

Le bourg de Notre-Dame-de-Liesse, situé à trois lieues de Laon, doit son origine au pélerinage qui y fut institué vers le milieu du onzième siècle : depuis il a été constamment fréquenté par les pélerins qui y arrivent de toute part en mai, juin et juillet; mais principalement à la Pentecôte et à la Fête-Dieu. Plusieurs de nos rois ont visité son église et l'ont enrichie de leurs libéralités (1).

En 1819 et en 1820, M. de Bombelles, évêque d'Amiens, premier aumônier de S A. R. Madame la duchesse de Berri, se rendit à Liesse
~~~~~~~~~~~

pour accomplir les pieuses intentions de la Princesse. Ses vœux, partagés par tous les Français, ont été pleinement exaucés. C'est pour remercier le ciel de cet insigne bienfait que S. A. R., accompagnée de M. de Bombelles, de madame la maréchale duchesse de Reggio, sa dame d'honneur, de madame la comtesse d'Hautefort, dame pour accompagner, de M. le comte de Mesnard, son premier écuyer, et de MM. d'Augustin et le vicomte d'Armaillé, officiers des gardes-du-corps de Monsieur, entreprit, sur la fin du mois de mai 1821, le voyage dont nous allons donner une courte relation.

Le 21, à onze heures du matin, la Princesse, à son arrivée sur les limites du département, trouva une escorte de la garde nationale à cheval de l'arrondissement de Soissons, et un détachement de gendarmerie, qui eurent l'honneur de l'accompagner jusqu'à Villers-Cotterets, où l'attendaient M. le conseiller d'état baron de Talleyrand, préfet de l'Aisne, et M. le lieut.ᵗ-général baron Bessières, commandant le département. Toutes les maisons étaient pavoisées de drapeaux blancs. La garde nationale à pied et les pompiers bordaient la haie sur le passage de la Princesse. Le son des cloches et plusieurs salves d'artillerié annoncèrent son arrivée. Pendant le déjeûner les autorités locales lui furent présentées, et S. A. R. porta l'affabilité jusqu'à laisser approcher la multitude qui se pressait sur ses pas.

M. le curé de Villers-Cotterets et MM. les desservans du canton* obtinrent la faveur de présenter leurs respectueux hommages à Madame la duchesse de Berri, qui ne voulut pas quitter Villers-Cotterets sans y laisser un premier gage de sa bienfaisance. S. A. R. reprit la route de Soissons, où elle entra à deux heures, escortée par les gardes nationales à pied et à cheval, et entourée d'une foule immense d'habitans accourus de tous les villages voisins. A la porte de la ville on avait érigé un arc de triomphe sur lequel on lisait cette inscription : *Caroline, Blanche de Castille, et Jeanne d'Albret;* plus loin, au-dessus de la porte, étaient écrits ces noms: *Clovis, Louis IX et le duc de Bordeaux.*

Des drapeaux flottaient aux fenêtres de toutes les maisons, dont les façades étaient tapissées et ornées de feuillage.

S. A. R. se rendit de suite au palais épiscopal, où furent présentés, le clergé, par M. de Villèle, évêque de Soissons, et les autorités civiles et militaires par M. le préfet : M. Desmazis, sous-préfet de l'arrondissement de Château-Thierry, qui s'était rendu exprès à Soissons, participa à cet honneur. Les dames furent introduites par madame la baronne de Talleyrand; et une corbeille de fleurs fut offerte à la Princesse par de jeunes demoiselles, ayant à leur tête Mlle de Senneville, fille de M. le sous-préfet de Soissons, qui adressa à S. A. R. un compliment dicté par le sentiment.

Après les présentations, Madame la duchesse de Berri alla en calèche découverte visiter l'hôpital, et permit aux dames de cette maison de lui baiser la main. Une ville qui, après avoir été le berceau de la monarchie (2), devint également le séjour de plusieurs de nos rois (3), ne pouvait manquer d'exciter l'intérêt d'une princesse avide de visiter les lieux théâtre des principaux événemens de l'histoire. En sortant de l'hôpital, sa première pensée se porta sur Saint-Médard (4), cet antique monastère, où l'on voit encore la prison de Louis-le-Débonnaire. S.A.R. descendit, dans le caveau où fut détenu cet infortuné monarque ; elle se promena ensuite assez long-temps dans les jardins, où elle daigna converser avec le propriétaire, M. Geslin, à qui l'on est redevable de la conservation du monument. A son retour, S. A. R., après avoir reçu un bouquet, offert par les marchandes de la halle, accepta au palais épiscopal un dîner auquel furent admis M. l'évêque, M. et Mad. de Talleyrand, M. le général Bessières et M. de Senneville, sous-préfet de l'arrondissement. Les habitans obtinrent la faveur de circuler dans la salle, et purent jouir du bonheur de contempler Son Altesse Royale. Le soir la ville fut illuminée, et des danses signalèrent la joie générale.

De la hauteur qui domine Soissons, la Princesse avait été à portée d'admirer la situation pittoresque du village de Vauxbuin, où se trouve

un château qui fut habité par Henri IV (5).
Le 22, à sept heures du matin, Madame la duchesse de Berri s'y rendit. M. le marquis de Barin, propriétaire de cette habitation, s'empressa de lui montrer la chambre dans laquelle on assure que le monarque coucha avec Mayenne après sa réconciliation.

La ville de Soissons est située au fond d'une vallée fertile, arrosée par la rivière d'Aisne, qui serpente au milieu d'une multitude de villages très-rapprochés ; mais pour jouir de la belle vue qu'offre cette contrée, il faut se trouver placé de manière à pouvoir d'un seul coup-d'œil en embrasser l'ensemble. Connaissant les goûts de la Princesse pour cette partie de l'art qui tient au paysage, on ne sera pas surpris qu'elle ait désiré contempler cette vallée. Elle ne craignit pas de monter au sommet de la tour du beffroi, et le riant tableau qui s'offrit alors à ses regards parut vivement l'intéresser.

S. A. R. se retira ensuite à l'évêché, et se rendit à pied, vers les neuf heures, à la cathédrale (6), où elle assista à une messe en mu-

sique, célébrée par M. l'évêque. Après le dé-
jeuner Madame la duchesse de Berri quitta
Soissons , au milieu des acclamations d'un
peuple nombreux, qui ne voyait s'éloigner
qu'à regret l'auguste voyageuse. Avant son départ, une somme destinée au soulagement
des pauvres de la ville et des hospices, avait
été mise à la disposition de M. le maire.
S. A. R. ne tarda pas à être témoin d'une
scène intéressante. Après l'incendie survenu,
le 9 octobre 1820, à Celles-sur-Aisne, près
Vailly, cette commune avait été comblée des
bienfaits de la Famille royale. Le souvenir n'en
avait pas été perdu. Jamais circonstance plus fa-
vorable ne pouvait s'offrir pour acquitter le
tribut de la reconnaissance. Cette occasion fut
saisie avec empressement. Les habitans de Celles,
ayant le maire à leur tête, quittèrent leur village, et se portèrent sur le passage de Madame
la duchesse de Berri. Elle reçut leurs remer-
cîmens avec un intérêt et une affabilité qui
ajouta encore aux sentimens de ceux dont le
cœur avait dirigé la démarche.

D'après le vœu exprimé par la garde nationale à pied de la ville de Laon, d'occuper les postes du château de Marchais (7) pendant le séjour qu'y ferait la Princesse, M. le préfet, à qui elle avait témoigné qu'elle verrait avec plaisir le service auprès de sa personne confié à cette garde, donna l'ordre du départ ; en conséquence, le 22, à huit heures du matin, le bataillon se mit en marche sous les ordres de M. Duchange, son commandant. M. le maire et le conseil municipal partageant l'enthousiasme de la garde nationale, s'étaient empressés d'en favoriser l'élan. D'un autre côté d'abondantes distributions de comestibles avaient été ordonnées, pour que les indigens prissent part à la joie publique.

A la porte, par où devait entrer le Princesse, était un arc de triomphe, sur lequel on lisait : *à S. A. R. Madame la duchesse de Berri, la ville de Laon.* Des drapeaux fleurdelisés flottaient aux fenêtres de toutes les maisons élégamment ornées de draperies et de feuillages.

La ville de Laon, située au sommet d'une

haute montagne, isolée de toute part, domine
une vaste plaine. Long-temps avant l'arrivée de
l'auguste Princesse, si impatiemment attendue, la
population entière de la ville accrue de celle des
campagnes voisines s'était réunie sur les hauteurs
qui bordent la route. Cette foule immense,
assise et groupée en amphithéâtre, formait un
tableau mouvant et varié, auquel la sérénité du
ciel prêtait un nouveau charme. A trois heures
de l'après-midi des salves d'artillerie, auxquelles
se mêlait le son des cloches, annoncèrent
l'approche de S. A. R. Aussitôt qu'elle parut,
toute cette foule, d'un mouvement spontané,
se leva, et l'air retentit mille fois des cris :
*Vive le Roi, vive la duchesse de Berri, vive le duc
de Bordeaux, vive la famille royale!*

La garde nationale à cheval, la gendarmerie,
le régiment des cuirassiers de Berri formaient
le cortége, à la tête duquel on remarquait M. de
Talleyrand, M. le baron Bessières, M. le marquis
de Roche-Dragon, colonel des cuirassiers, M. le
colonel de gendarmerie, etc. Les marchandes
de la halle avaient offert dans le faubourg un

bouquet à S. A. R. qui daigna l'accepter. Madame la duchesse de Berri, en calèche découverte, se rendit d'abord sur la place des casernes, où était rangé en bataille le régiment des cuirassiers de Berri, dont elle parcourut les rangs. Ce corps eut ensuite l'honneur de défiler sous ses yeux, et manifesta par de vives acclamations les sentimens qui le rendent si digne du beau nom qu'il porte. S. A. R. alla ensuite à l'hôtel de la préfecture (8) qui avait été décoré de verdure et de fleurs. En passant sur la place du Bourg, la Princesse n'avait pas manqué de remarquer la tour de Louis-d'Outremer (9), devant laquelle elle s'arrêta quelques instans. Les fonctionnaires publics eurent l'honneur de lui être présentés par le premier magistrat du département. Cette réception donna lieu à une particularité qui mérite d'être rapportée. Un respectable nonagénaire, membre du conseil municipal, présenté par le maire de la ville, s'approcha de la Princesse et dit : « Mes vœux sont exaucés ; Votre Altesse Royale a donné un fils à la France, et j'ai eu le bonheur de vous voir. » Ces paroles, parties du fond de l'âme d'un vieillard dont le Ciel avait comblé les souhaits, furent reçues par Madame la duchesse de Berri avec une touchante bienveillance. Les dames eurent ensuite l'honneur de paraître devant la Princesse. Plusieurs jeunes demoiselles s'étaient réunies pour lui offrir des fleurs. L'une d'elles, Melle de Talleyrand, adressa à S. A. R., avec toutes les grâces de l'enfance, un petit compliment qui parut lui faire plaisir, et qu'elle paya des plus douces caresses.

Dans une salle on avait rassemblé les élégans produits de la fabrique de St.-Quentin, qu'était chargée de mettre sous les yeux de Madame la duchesse de Berri une députation du commerce de cette ville, ayant à sa tête M. le vicomte de Montozon, sous-préfet de l'arrondissement, et composée de MM. de Beaudreuil, maire, Hartmann, président du tribunal de commerce, Ratte (Charles), président du conseil des prud'hommes, et Joly (Jules), membre de la chambre consultative des manufactures. Ceux qui ont parcouru les portiques du Louvre, lors de l'exposition de 1819, doivent se rappeler

2

les marques de surprise et d'admiration que donnèrent les étrangers à la vue de ces produits qui placent aujourd'hui la ville de St.-Quentin au rang de celles qui honorent le plus l'industrie française. La Princesse accueillit avec bienveillance la députatton, l'assura qu'elle regrettait de n'avoir pu diriger son voyage par St.-Quentin. S. A. R., supppliée de vouloir bien accepter, comme hommage, au nom du commerce, un service de linge de table en fil damassé, et une pièce de perkale, voulut bien déférer à cette demande en se réservant néanmoins de faire payer les autres objets de son choix. Madame la duchesse de Berri daigna témoigner à M. le préfet sa satisfaction sur la démarche du commerce, et invita ce magistrat à manifester le vif intérêt qu'elle porte à la ville de St.-Quentin; Son Altesse ajouta même qu'elle était déterminée à faire une forte commande en linge damassé, pour sa terre de Rosny, sur les échantillons qui lui seraient envoyés (10).

Les regards de Madame la duchesse de Berri se portèrent aussi sur ces légers paniers qui se

fabriquent à Origny en Thiérache. M. Habart,
sous-préfet de l'arrondissement de Vervins,
s'était chargé de les présenter à la Princesse,
qui daigna les remarquer et en faire des commandes (11).

S. A. R. se rendit ensuite à la cathédrale, où
elle fut reçue par M. l'évêque de Soissons,
accompagné du clergé de Laon. Elle admira
l'architecture gothique du portail, et ne fut
pas moins frappée de la beauté intérieure de
l'édifice (12). En sortant de l'église, où tout
un peuple avait uni ses prières aux siennes, la
Princesse monta en voiture et sortit de la ville
au milieu d'une foule immense qui la suivit
jusqu'au pied de la montagne, en faisant re-
tentir l'air de ses acclamations. S. A. R. prit la
route de Marchais, après avoir pourvu au soulagement des malheureux. Elle fut escortée dans
ce court trajet par des détachemens de la garde
nationale à cheval, et des cuirassiers de Berri.

Un événement qui, heureusement, n'eut pas
de suite, faillit troubler une aussi belle journée.
Peu d'instans après l'arrivée du bataillon de la

garde nationale de Laon dans la cour du château de Marchais, le feu se manifesta avec violence dans l'une des cheminées des cuisines, mais, grâces à la sage prévoyance de M. le préfet, qui avait fait suivre les pompiers, le danger céda bientôt à l'activité éprouvée de cette compagnie.

La Princesse arriva vers les sept heures à Marchais, où elle fut reçue par M. de Talleyrand et M. le lieutenant général Bessières, au bruit des tambours et au son de la musique de la garde nationale. Cette garde, à laquelle on ne peut donner trop d'éloges, se distinguait par sa bonne tenue. Elle fit le service avec la garde nationale à cheval, les cuirassiers de Berri et la gendarmerie, secondée par M. de Chamorin, lieutenant-colonel des cuirassiers, à qui le commandement supérieur pour la garde du châtêau avait été confié. Enfin, chacun dans cette circonstance rivalisa de zèle et de dévouement.

Pendant le dîner et le reste de la soirée, différens airs furent exécutés par les musiciens de la garde nationale, à qui S. A. R. daigna témoigner sa satisfaction.

Le 23, Madame la duchesse de Berri, escortée de la cavalerie, entra dans Liesse (13) à huit heures du matin, où la garde nationale à pied et les pompiers de Laon l'avaient précédée. Les rues étaient sablées. Les habitans avaient décoré leurs maisons avec goût et élégance; des guirlandes de feuillages, attachées d'une habitation à l'autre, soutenaient suspendues des couronnes de fleurs ornées d'emblêmes ingénieux, et formaient des voûtes de verdure sous lesquelles devait passer le cortége. On pouvait craindre que la pluie qui tomba une partie de la matinée ne dissipât la foule empressée sur les pas de la Princesse; ce contre-temps ne fut pas un obstacle à l'avide curiosité de la multitude, l'air n'en retentit pas moins d'acclamations. Madame la duchesse de Berri fut reçue, à l'entrée de l'église, par M. l'évêque de Soissons, suivi d'un nombreux clergé. La garde nationale à pied de Laon fit le service intérieur avec la compagnie des pompiers de Liesse; les fusiliers sédentaires, en garnison à Laon, partagèrent le service extérieur avec la garde nationale et les cuirassiers, qui restèrent à cheval tout le temps que durèrent les offices. S. A. R., pour répondre au désir de la foule, avait fait donner l'ordre de laisser entrer indistinctement autant de personnes que l'église en pouvait contenir. La Princesse entendit une messe basse célébrée par M. de Bombelles, et reçut la communion des mains de ce prélat. Son profond recueillement passa tout entier dans l'âme des spectateurs vivement émus. Il faut avoir été témoin de cet acte religieux, pour apprécier les sensations qu'il a produites sur tous les es-prits ; on tenterait en vain de les exprimer.

Après la communion, madame la duchesse de Berri se retira au petit séminaire, dont les bâti-mens sont contigus à l'église de Liesse. Avant la grand'messe, où officia M. l'évêque de Soissons, fut célébré le mariage d'une Rosière, dotée par la Princesse. A l'issue de l'office, pendant lequel avait prêché le curé de la paroisse, S. A. R., escortée par la cavalerie, prit la route de Mar-chais, où elle resta en retraite jusqu'à trois heures. Elle quitta alors le château pour revenir à Liesse, et ce retour fut marqué par de nou-

veaux témoignages d'affection. La garde nationale qui avait eu ordre de ne pas s'éloigner,
reçut des habitans de ce bourg l'accueil le plus
cordial.

La Princesse assista aux vêpres, qui furent sui-
vies du salut et de la bénédiction. Elle se rendit
ensuite à la fontaine *miraculeuse* (14). La garde
nationale à pied l'y accompagna, et, rangée en
bataille à peu de distance de cette fontaine, suivit
S. A. R. lors de son second départ pour Marchais.
Une pluie abondante n'arrêta pas la marche du
bataillon. Il rentra avec le plus grand ordre dans
la cour du château et y resta quelques instans
en bataille. S. A. R., dont la bonté s'étend sur
tout ce qui l'entoure, ne voulut pas, à cause
du mauvais temps, que la garde nationale fît
pendant la nuit le service du château, et exigea
qu'elle se retirât dans ses logemens. L'ordre fut
aussitôt donné pour faire arriver de Liesse la
compagnie des fusilliers sédentaires. C'est avec
peine que les gardes-nationaux se virent privés
d'un service aussi flatteur ; mais si quelque chose
put diminuer leurs regrets, c'était de se voir

remplacés par ces braves soldats, tant de fois couverts de gloire.

Pendant tout le temps que dura le dîner auquel furent admis M. de Talleyrand, M. et Madame Bessières, la musique exécuta divers morceaux d'harmonie et les airs chéris des Français. Une légère indisposition avait forcé Mme. la baronne de Talleyrand à reprendre la route de Laon. En sortant de table, S. A. R. voulut elle-même remercier MM. les musiciens. Dans la soirée la pluie vint à cesser, et la garde nationale, oubliant ses fatigues couronna la journée par une illumination où l'on remarquait un transparent sur lequel était une devise exprimant la bonne harmonie qui existe entre cette garde et la garnison de Laon, ainsi que leurs sentimens envers l'auguste Famille des Bourbons.

Le 24, Madame la duchesse de Berri entendit à huit heures, dans la chapelle du château, une messe célébrée par M. l'évêque d'Amiens. La garde nationale à pied et à cheval, les cuirassiers et la compagnie sédentaire étaient en bataille dans les cours, où la musique exécuta plusieurs morceaux. Toutes les avenues se trouvaient remplies d'une foule empressée de jouir encore d'un bonheur qui allait lui échapper. MM. les officiers de la garde nationale, de la compagnie des fusiliers sédentaires et des cuirassiers avaient été placés sur le passage de Madame la duchesse de Berri : lorsqu'elle retourna dans ses appartemens au sortir de la messe, M. le comte de Mesnard eut la bonté de les présenter à S. A. R., qui daigna leur adresser les paroles les plus flatteuses. MM. les maires de Liesse et de Marchais eurent aussi l'honneur d'être présentés ; et la Princesse voulut bien leur témoigner combien elle était satisfaite de l'accueil qu'elle avait reçu dans leurs communes. S. A. R. étant montée en voiture, passa devant le front de la garde nationale, qu'elle salua avec beaucoup d'affabilité. De nouveaux transports d'enthousiasme éclatèrent à son départ.

S. A. R., escortée de la garde nationale à cheval et des cuirassiers de Berri, se dirigea sur Laon, en laissant à sa droite le village de Samoussy, où a existé une maison royale dont il reste encore de faibles vestiges (15). Dans ce court trajet, la Princesse reçut les mêmes marques d'amour et de respect qui partout l'avaient accueillie. Immédiatement après le départ de Son Altesse, la garde nationale de Laon reprit la route de cette ville, où elle rentra dans le meilleur ordre après trois jours d'absence, qui avaient été pour elle trois jours fortunés. Les habitans de Laon, qui avaient montré tant de joie à l'arrivée de Madame la duchesse de Berri, regrettaient qu'elle eût passé si peu d'instans dans leur ville, et désiraient goûter encore le bonheur de la revoir. Connaissant le jour où S. A. R. devait repasser au pied de leur montagne, ils attendirent le moment de son retour de Marchais, se portèrent en foule sur son passage, et firent éclater de nouveau leurs sentimens pour l'auguste Princesse, en poursuivant long-temps de leurs acclamations la voiture, qui s'éloignait trop vite au gré de leurs vœux.

Sur la route de Laon à Lafère, à peu de distance de cette première ville, se trouve l'ancienne abbaye de Montreuil, aujourd'hui dépôt de mendicité du département de l'Aisne. Le directeur de l'établissement voulant faire participer à la joie publique les malheureux qui sont reçus dans cet asyle, leur permit de se rendre dans les salles et aux étages supérieurs qui donnent sur la route. De là, en agitant des drapeaux, ils firent éclater les cris de vive le Roi! vive Madame la duchesse de Berri !

A Crépy, petite ville située à deux lieues de Laon, et citée dans l'histoire par le traité de paix conclu entre François Ier. et Charles-Quint (16), on avait élevé un arc de triomphe, orné d'emblêmes et d'inscriptions. Les maisons étaient pavoisées, et des fleurs furent offertes à la Princesse par de jeunes demoiselles, précédées de M. le maire et du conseil municipal. A peu de distance du château de St.-Lambert (17), habité par Henri IV, on vit paraître un nouveau cortége de jeunes filles de la commune de Couvron.

Madame la duchesse de Berri arriva vers midi à Lafère. Elle se rendit d'abord à l'hôtel de M. le commandant de l'école d'artillerie, en passant sur l'esplanade où étaient rangées en bataille toutes les troupes de la garnison. Là, S. A. R, reçut les autorités civiles à la tête desquelles était M. le maire de la ville. Elle reçut également plusieurs jeunes demoiselles qui eurent l'honneur de lui offrir une corbeille de fleurs.

La Princesse, après avoir déjeûné dans l'appartement que M. le général Corda lui avait fait préparer, monta en calèche et se rendit de nouveau sur l'esplanade, où elle parcourut les rangs de la garde nationale et des diverses troupes qui défilèrent aux cris mille fois répétés de vive la duchesse de Berri ! Immédiatement après, le corps des officiers eut l'honneur de lui être présenté. S. A. R. témoigna à M. le commandant combien elle se félicitait de s'être dérangée de sa route pour venir à Lafère, et s'exprima dans les termes les plus flatteurs sur l'excellente tenue du régiment et le bon esprit qui l'anime. S. A. R. visita ensuite l'arsenal et les principaux établissemens de cette ville, connue depuis long-temps par sa fidélité au Roi et son dévouement à la patrie (18).

La Princesse, empressée de se rendre à Saint-Gobain, pour y voir la manufacture royale des glaces, établissement dont la France s'énorgueillit à si juste titre, reprit la route de Laon, et, à une demi-lieu de Lafère, se trouva sur le chemin qui conduit à St.-Gobain. Ce chemin, ordinairement peu praticable, surtout à la sortie d'un hiver pluvieux, avait été mis dans le meilleur état, au moyen des mesures ordonnées par M. le préfet, et des travaux exécutés, plusieurs jours auparavant, par les soins de M. le maire du village de Bertaucourt, dont les habitans, réunis à ceux des communes voisines, avaient secondé le zèle.

L'arrivée de Madame la duchesse de Berri à St.-Gobain (19), vers deux heures, fut annoncée par une salve d'artillerie. M. le maire, avec un détachement de la garde nationale à cheval, alla au-devant de la Princesse. A son arrivée dans la manufacture, elle fut reçue par MM. le marquis de Ste.-Fère, le baron de Courval, le baron Brière de Surgy, et Lecomte, administrateurs, qui s'y étaient rendus exprès. Après quelques

momens de repos, la Princesse voulut voir l'é-
tablissement, et sortit accompagnée de M. de
Talleyrand, de M. le lieutenant général Bessières, de M. l'évêque de Soissons, de MM. les
administrateurs, de MM. les officiers supérieurs
des corps en garnison à Laon et à Lafère, des
principaux fonctionnaires et chefs de service du
département , de plusieurs propriétaires no-
tables des environs, et d'un grand nombre de
dames invitées à cette brillante réunion.

Madame la duchesse de Berri visita tous les
ateliers, qui avaient été décorés de feuillage et
jonchés de fleurs, montrant partout cet esprit
d'observation dont elle avait déjà fait preuve, et
que nous aurons si souvent occasion de remarquer dans le cours de son voyage. S. A. R. entra
même dans les habitations des ouvriers (20). Le
premier objet qui excita sa curiosité, ce fut le
soufflage des glaces, qu'elle suivit dans ses
moindres détails, avec l'attention la plus soutenue. A la suite de cet examen, dont la durée
se prolongea au-delà de deux heures, Madame
la duchesse de Berri se retira dans les appar-

temens qui lui avaient été préparés. Sur son passage, douze jeunes filles d'ouvriers lui présentèrent un bouquet. A six heures on servit un repas
auquel eurent l'honneur d'être admis M. et
Mad. de Talleyrand, M. et Mad. Bessières, M. l'é-
vêque de Soissons, M. le marquis de Roche-
dragon, M. et Mad. de Poilly, de Folembrai, et
MM. les administrateurs. Les fonctionnaires et
autres personnes qui avaient accompagné Son
Altesse, se trouvaient à une seconde table de
soixante couverts, tandis qu'une troisième pièce
était occupée par un détachement de la garde
nationale à cheval de l'arrondissement de Laon.
La seconde table porta des toasts au *Roi*, à *Madame la duchesse de Berri*, au *duc de Bordeaux*, et
à la *famille Royale*.

Vers les neuf heures du soir, Madame la duchesse de Berri se rendit dans une des halles,
où tout était disposé pour le coulage des glaces.
Placée sur une estrade, S. A. R. suivit avec le
plus vif intérêt cette opération, qui exige un si
grand ensemble. Les sentimens qu'avait si souvent excités la présence de cette auguste Prin-

cesse, depuis son entrée dans le département, semblèrent éclater à St.-Gobain avec une nouvelle force. Au profond silence, qui règne toujours dans le moment des *coulées* (21), succédèrent tout-à-coup et avec un transport unanime, les cris redoublés de *vive le Roi ! vive la duchesse de Berri ! vive le duc de Bordeaux ! vivent les Bourbons !* La glace que l'on venait de couler, et qui était de la plus grande dimension, se trouva d'une beauté parfaite. La Princesse désira qu'elle fût contremarquée, ce qui paraît en indiquer la destination.

Une surprise avait été ménagée à Madame la duchesse de Berri. En sortant de la halle une illumination d'un aspect tout nouveau s'offrit à ses yeux; les bâtimens de la manufacture resplendissaient dans leur vaste enceinte, de mille feux qui, réfléchis par de nombreux débris de glaces, disséminés dans toutes les cours, produisaient un effet aussi varié qu'éblouissant. On se serait cru transporté dans un de ces palais créés par la féerie, et embellis de tous ses prestiges. Rien n'avait été négligé pour rendre cette fête digne de l'auguste Princesse qui en était l'objet.

Le lendemain 25, après avoir entendu la messe, qui fut célébrée par M. l'évêque de Soissons, S. A. R. quitta St.-Gobain à huit heures du matin, après y avoir laissé, comme dans tous les lieux qui avaient eu le bonheur de la posséder, des marques éclatantes de sa bonté et de sa munificence. Escortée de la garde nationale à cheval, des cuirassiers de Berri et des principaux propriétaires du pays, la Princesse traversa en calèche la basse forêt de Coucy. Dans ce court trajet, elle reçut les hommages de MM. les maires de Nogent (23), et de Verneuil-sous-Coucy.

S. A. R. arriva à Coucy-le-Château (24) vers dix heures ; la garde nationale à pied bordait la haie depuis la porte de la ville, dont les maisons étaient pavoisées de drapeaux blancs, jusqu'au château, à l'entrée duquel on avait élevé un arc de triomphe ainsi qu'à la porte de la principale tour.

Il tardait à l'auguste voyageuse de contempler ce monument, l'un des plus imposans du moyen âge. En approchant de celte tour construite par Enguerrand III (24bis), sire de Coucy, comme pour attester à la postérité la puissance de cette illustre maison, dont le nom se rattache si glorieusement aux fastes de la monarchie, S. A. R. parut pénétrée du sentiment qu'on éprouve à la vue de ces majestueux édifices qui ont bravé les outrages du temps.

La Princesse, accompagnée de madame la duchesse de Reggio, née Coucy (25), entre dans la ville, dont elle n'aperçoit d'abord aucune autorité. Elle descend bientôt de voiture et se dirige vers la tour, où tout-à-coup paraît le corps municipal, empressé de lui offrir ses hommages. De jeunes demoiselles, parées des grâces et de tous les attraits de leur âge, viennent ensuite lui présenter une corbeille de fleurs. Cette scène inattendue, et à laquelle le lieu imprimait une sorte de magie, parut causer une grande satisfaction à Son Altesse.

On avait fait placer dans la tour les gravures représentant les plans du château, levés par l'architecte Ducerceau, en 1576, d'après les ordres de Catherine de Médicis (26). La Princesse les examina avec beaucoup d'attention. Elle remarqua aussi la vivacité des couleurs qu'on voit encore sur les débris des cariatides qui soutenaient les branches d'ogives de la première voûte. Le grand puits (27), déblayé en 1819, fut pour S. A. R. un autre sujet d'étonnement.

La Princesse chercha à connaître la cause des trois fentes qui partagent la tour. M. Carlier, maire de Coucy, eut l'honneur de la lui expliquer, en lui faisant lecture d'une note manuscrite, conservée aux archives de la ville (27bis). Après avoir examiné le rez-de-chaussée du monument, Son Altesse témoigna le désir d'en visiter la partie supérieure. Arrivée à la seconde galerie, qui avait été disposée de manière qu'on pût en parcourir toute la circonférence, la Princesse admira de différens points les vues magnifiques qu'on découvre : ce spectacle la frappa de nouveau au troisième étage, où on lui fit remarquer la *salle des preux*. Après s'être reposée quelques minutes, S. A. R. n'hésita pas à monter jusqu'au sommet de l'édifice, sur l'entablement duquel elle s'assit. Une décharge de boîtes signala sa présence au haut de la tour. On avait placé une balustrade pour prévenir tout accident. De ce point élevé les regards se promènent sur une campagne aussi riche que variée, véritable panorama, qui tient l'observateur dans une espèce d'enchantement. Dans ce magnifique tableau viennent se confondre, d'un côté, la vallée de Coucy, embellie par les villages de Nogent, de Trosly-Loir (28), de St.-Paul-aux bois, et plus loin par ceux de Manicamp, Quierzy (29), etc.; de l'autre, le riant bassin de Chauny, que l'Oise fertilise. Un ciel pur et sans nuages avait permis à la Princesse de jouir de ce beau spectacle.

Madame la duchesse de Berri avait donné assez de preuves de son goût éclairé pour les arts, pour qu'on dût prévoir que, dans cette circonstance elle désirerait consulter la collection des monumens du département, litographiés par M. Pingret (30). Après avoir examiné attentivement les dessins de la tour qui font partie de cette collection, et les avoir comparés avec les objets qu'elle avait sous les yeux, la Princesse daigna adresser à l'artiste des paroles obligeantes, en les accompagnant néanmoins d'observations dont M. Pingret reconnut lui-même toute la justesse.

S. A. R. demanda à voir l'appartement où Gabrielle d'Estrées donna à Henri IV un premier gage de leurs amours, en mettant au jour César, duc de Vendôme (32). On fit également remarquer à la Princesse des lions qui se trouvent placés à la porte de l'hospice. On ne parle ici de cette sculpture grossière que parce qu'elle rappelle une particularité qui se lie à l'histoire de la maison de Coucy. C'était devant ces lions que l'abbé de Nogent venait tous les ans rendre un hommage remarquable par sa singularité (33).

S. A. R. quitta Coucy et ne remonta en voiture qu'au pied de la montagne. De nouvelles acclamations marquèrent l'instant de son départ. Peu de minutes suffirent pour arriver à Folembray (34), lieu jadis habité par nos rois, qui en avaient affectionné le séjour à cause de sa position au milieu des bois. Dans l'emplacement du château, dont il reste à peine quelques vestiges, et où l'on remarquait encore il y a peu d'années, des pierres sur lesquelles étaient sculptés les croissans de Diane de Poitiers (35), on a construit au commencement du 17.ᵉ siècle une très-belle verrerie (36). M. le baron de Poilly, propriétaire de cet important établissement, n'avait pas manqué d'apprécier la faveur insigne que lui procurait le passage de la Princesse, qui s'était détournée volontiers de sa route pour s'associer aux touchans souvenirs qu'ont laissés dans cette partie du Laonnois ses illustres ancêtres. En traversant Folembray, Madame la duchesse put voir les maisons de ce village pavoisées de drapeaux blancs, ornés de chiffres, fidèles interprètes des sentimens dont étaient animés tous les cœurs. S. A. R. visita d'abord l'église érigée par François Ier. et fréquentée depuis par Henri IV, se fit rendre compte des causes qui avaient entraîné la ruine de cet édifice, et daigna promettre de seconder les démarches des habitans pour en opérer la restauration. Madame la duchesse de Berry se dirigea ensuite vers la manufacture, suivie d'un cortége nombreux, accompagné de plus de soixante jeunes filles d'ouvriers de la verrerie toutes vêtues en blanc. La population de Folembray, à laquelle s'était jointe celle des communes voisines, et dont une grande partie est employée aux divers travaux de la manufacture, formaient la haie que S. A. R. traversa à diverses reprises au milieu des acclamations d'une multitude ivre de joie. Après le déjeûner, auquel furent admis M. et Mme. de Talleyrand, M. Bessières, M. l'évêque de Soissons, M. de Roche-Dragon, M. et Mme. de Poilly. Mme. de Poilly la mère, Mme. de Montizeau, S. A. R. visita l'établissement, dans tous ses détails, et donna une attention particulière aux procédés ingénieux de la fabrication des cloches. La Princesse parcourut ensuite les jardins. Dans cette promenade, dont un beau temps augmentait encore l'agrément, S. A. R. daigna adresser les paroles les plus flatteuses aux propriétaires, et fit à leurs enfans des caresses, dont, malgré leur jeune âge, ils ne perderont jamais le souvenir.

Vers les deux heures, Madame la duchesse de Berri, toujours suivie d'une foule nombreuse qui n'avait cessé de l'accompagner et de lui exprimer la plus vive et la plus franche allégresse, est montée en voiture, laissant tous les habitans pénétrés de l'amour et du respect que sa vue seule inspire et que ses bontés gravent dans tous les cœurs. Avant le départ, des fonds avaient été mis à la disposition de M. de Poilly pour être distribués aux ouvriers. Ils en firent l'emploi le dimanche suivant dans un banquet général, où les témoignages de reconnaissance furent exprimés avec l'enthousiasme le mieux senti.

La Princesse arriva vers les trois heures à

Chauny, petite ville située à la jonction de l'Oise avec le canal de Saint-Quentin. Après avoir reçu les hommages des autorités, S. A. R., accompagnée de MM. les administrateurs de Saint-Gobain, alla visiter les ateliers consacrés au poli des glaces. Cette belle usine, ajoutée depuis quelques années au grand établissement dont elle forme le complément, devait d'autant plus intéresser Madame la duchesse de Berri, que les travaux exécutés à Chauny (37) se lient immédiatement aux opérations dont elle avait été témoin la veille à Saint-Gobain. Elle examina avec une attention particulière cette ingénieuse mécanique qui a simplifié les procédés autrefois en usage. Ce genre de travail, jusque-là si pénible, s'exécute maintenant avec autant de promptitude que de facilité.

A son entrée dans les ateliers, S. A. R. fut frappée d'un spectacle inattendu et d'autant plus agréable qu'il était improvisé par le sentiment. L'idée en est due à M. de Montbazin, chef de l'établissement. Sur tous les angles des nombreux *polissoirs*, on avait fixé un bouquet. Qu'on se représente ces sortes de tables mues tout-à-coup par l'action de l'eau, s'avançant et revenant sur elles-mêmes : on eût dit un parterre mouvant, couvert d'une riche moisson de fleurs balancée par les vents.

Après avoir parcouru à pied les rangs de la garde nationale, et reçu les fleurs que lui présentèrent de jeunes demoiselles, Madame la duchesse de Berri continua sa route, et parvint bientôt aux limites du département. Là, M. de Talleyrand et M. le baron Bessières, qui n'avaient cessé d'accompagner S. A. R., depuis son entrée jusqu'à sa sortie, offrirent leurs derniers hommages à l'auguste Princesse.

C'est ainsi que, dans l'espace de quatre jours, Madame la duchesse de Berri a traversé le département de l'Aisne, retrouvant à chaque pas, par un rapprochement remarquable, d'antiques monumens de la monarchie Française, tout pleins encore du souvenir de ses illustres aïeux ; recueillant partout sur son passage, des témoi-

gnages nombreux d'amour et de vénération ; se-
mant partout des bienfaits ; emportant partout
les regrets et les bénédictions de la population
entière.

Le voyage de S. A. R. laissera dans tous les cœurs
un souvenir ineffaçable. Il sera pour le département de l'Aisne une époque heureuse , puisqu'il
a procuré à ses habitans l'occasion de faire
éclater , d'une manière non équivoque , les sentimens d'attachement, de fidélité et de dévouement dont ils ont été animés dans tous les
temps pour le Roi et l'auguste famille des
Bourbons.

NOTES HISTORIQUES

SUR LES LIEUX

VISITÉS PAR S. A. R. MADAME

LA DUCHESSE DE BERRI,

PENDANT SON SÉJOUR DANS LE DÉPARTEMENT DE L'AISNE.

NOTES.

N° 1. *Libéralités* — Charles VI vint à Liesse en 1414, et Charles VII y fit plusieurs voyages : Réné, comte de Provence, roi de Sicile, laissa par son testament, en 1474, un marc d'or à cette église ; Louis XI, qui l'avait visitée en 1475, y fonda une chapelle en 1482 ; François 1ᵉʳ y alla en 1525 et 1528, et Henri II en 1554.

La chapelle a été construite aux dépens de Louis XIII, qui vint à Liesse en 1618 et en 1632. La reine Anne d'Autriche, qu'on y vit souvent, avait, entre autres dons, augmenté le trésor de deux riches couronnes. Dans la chapelle, on voit un tableau où sont peints Louis XIII et son épouse priant pour avoir un fils. Le fond représente la Nativité, et au-dessous du tableau se trouve l'inscription suivante :

« Tableau donné par Louis XIII, le 14 octobre 1618, «lors de son second pélerinage à Liesse avec la reine son «épouse. » Une déclaration de ce roi, du 10 février 1638, met le royaume de France sous la protection de la Sainte Vierge, et tous les ans une procession solennelle a lieu dans toute la France, en commémoration de ce vœu.

Parmi les dons qui ont été faits à l'église par Madame la duchesse de Berri, on distingue une lampe en vermeil d'un grand prix et d'un travail achevé.

N° 2. *Berceau de la Monarchie* — Soissons fut le dernier asyle des aigles romaines dans les Gaules. La bataille qui fut donnée en 481 entre Siagrius, fils d'Egidius, gouverneur des Romains, et Clovis, assura l'établissement du royaume des Francs lorsque le faible Valentinien défendait encore les débris de l'empire romain. L'abbé Lebœuf (voyez sa Dissertation publiée en 1736 sur le Soissonnais) indique le lieu où s'est donnée la bataille, dans la plaine qui conduit de Chavigny à Epagny, villages situés à peu de distance de Soissons.

Un mariage conforme à ses intérêts augmenta encore la puissance de Clovis. En 493, il épousa Clotilde, nièce de Gondebaud, roi de Bourgogne, qui contribua beaucoup à le détacher de l'idolâtrie. La bataille de Tolbiac, près de Cologne où il fut vainqueur des Allemands qui voulaient envahir la Gaule, détermina son changement de religion. On se rappelle la conduite qu'il tint envers un soldat, qui lui refusa à Soissons, dans le partage du butin fait à Reims, un vase qu'il réclamait. Clovis dissimula son courroux, mais reconnaissant un jour cet audacieux dans une revue qu'il passait de son armée, il jette à terre l'arme du soldat, prétextant qu'elle était dans un mauvais état : pendant que celui-ci se baissait pour la ramasser, le prince lui fendit la tête d'un coup, en lui disant : *souviens-toi du vase de Soissons.*

Clovis rédigea la *loi salique*, ainsi appelée du nom des *Saliens*, les plus illustres des Francs, et il mourut à Paris, âgé de 45 ans, en 511.

Clovis avait laissé quatre princes qui demandèrent chacun un royaume. On en érigea quatre, qui prirent le nom d'Orléans, de Metz, de Paris et de Soissons, et l'on établit comme lien constitutionnel une assemblée unique du Champ de mai pour le service des quatre couronnes. Tout-à-coup on ne vit plus d'enfans mâles dans les familles régnantes. Le hasard n'avait fait naître que des princesses ; mais le droit commun de la France les avait jusqu'à ce jour exclues de la couronne.

Les trônes, devenus vacans par la mort des titulaires, rentrèrent dans les mains de Clotaire, roi de Soissons, qui, par droit de succession, les associa au sien.

Après la mort de Clotaire, la France se vit encore divisée en quatre royaumes.

Chilpéric, un des quatre princes, obtint par le sort le royaume de Soissons.

Depuis ces temps reculés, la ville de Soissons, qui joue un si grand rôle dans l'histoire, n'offre plus que des événemens peu importans.

Les seules particularités qui aient appelé l'attention sur cette ville durant le 18ᵉ siècle, sont le congrès assemblé au mois de juin 1728 et l'exil du parlement.

Le congrès, d'abord indiqué à Aix-la-Chapelle, et en-

suite à Cambrai, s'ouvrit à Soissons, dans la vue de terminer les différens élevés entre les souverains de l'Europe, et d'en prévenir de nouveaux. Au mois de juin de
l'année suivante, le congrès se sépara sans avoir rien
conclu.

Le 11 mai 1753, les membres de la grand'chambre du
parlement furent exilés à Soissons.

(3) *Le séjour de plusieurs de nos rois* — Il ne reste plus
le moindre véstige du palais de Crouy, ou de Saint-Médard, successivement habité par Clovis et Clotaire. Le
seul monument qui semble se rattacher à cette époque
éloignée, est un corpsde ferme dépendant jadis de l'abbaye de Saint-Médard, et situé sur le territoire du village
de Crouy, à peu de distance de la route qui conduit de
Soissons à Laon. Sur la porte d'entrée de cette ferme,
connue sous le nom de *la Perrière*, est une inscription
gothique qu'il est difficile de déchiffrer.

On voyait encore à Soissons en 1819, une partie des
murs de l'ancien palais d'Ebroïn, maire du palais sous
Thierry II. Ces murs dépendaient de l'ancienne abbaye
de Notre-Dame, fondée par Lentrude, femme d'Ebroïn.

(4) *Saint-Médard* — Quelque temps avant sa mort,
Clotaire avait commencé à faire élever dans l'enceinte de
son palais de Crouy, une église en l'honneur de Saint-

Médard, et un monastère pour les clercs qui devaient desservir cette église. Ce prince n'eut rien plus à cœur que de recommander à Sigebert, l'un de ses fils, d'achever ces deux édifices, et il assigna dès-lors des fonds considérables, tant pour la subsistance des religieux, que pour la construction des bâtimens. Il donna entre autres choses à l'église de Saint-Médard, cette terre et cette maison de Crouy dont nous venons de parler.

Sigebert se fit un devoir d'exécuter les dernières volontés de son père. Deux années n'étaient pas encore écoulées depuis la mort de Clotaire, et déjà le monastère et l'église de Saint-Médard étaient élevés.

Clotaire mourut en 562. Il laissa quatre enfans qui lui succédèrent, Caribert, roi de Paris, Gontran, roi d'Orléans et de Bourgogne, Sigebert, roi d'Austrasie, et Chilperic Ier, roi de Soissons.

On voyait encore avant la révolution les tombeaux de Clotaire et de Sigebert son fils, dans l'église souterraine, au pied de celui de Saint-Médard.

Le monastère de Saint-Médard, qui, dès l'année même de la mort de Clotaire, avait été établi par une bulle du pape Jean III, le chef des monastères de France, devint en peu de temps célèbre, soit par le nombre, et par la vie édifiante des religieux qui l'habitaient, soit par les biens considérables dont les princes s'empressèrent à l'envi l'un de l'autre de le combler. Si l'on en croit quelques auteurs, il possédait presque dès sa naissance deux cent vingt fiefs ; il comptait parmi ses dépendances sept prieurés et autant de prévôtés ; il avait une juridiction quasi-épiscopale, non-seulement dans son enceinte, mais encore sur plusieurs bourgs voisins. La célébrité de cette abbaye s'accrut encore par les droits et les priviléges que les empereurs et les rois lui accordèrent, et surtout par ce grand nombre de conciles qui y furent assemblés en différens temps. Le monastère de Saint-Médard était un des quatre asyles où se refugiaient pour y jurer ceux qui n'avaient pu se purger du crime de lèse-majesté.

Il ne reste plus aujourd'hui d'autre monument historique d'un lieu auquel se rattachent tant de souvenirs, que la prison où fut détenu Louis-le-Débonnaire, qui dut ce surnom à son caractère faible et trop facile. Ce prince, abandonné des siens, fut obligé de se rendre à Lothaire son fils, qui, proclamé empereur à la place de son père, le fit enfermer, exila l'impératrice à Tortone, et Charles son fils dans l'abbaye de Pruym.

Le 20 juin, Louis-le-Débonnaire mourut dans une île du Rhin, au-dessous de Mayence, et vis-à-vis du château d'Ingelheim. Il avait régné environ 26 ans, et il était dans sa 63 année. Il fut inhumé à Metz.

(5) *Par Henri IV*. — Ce fut dans la journée de Fontaine-Française, le 5 juin 1595, que furent anéanties les dernières espérances du chef de la ligue. Henri IV, s'étant exposé témérairement avec un petit nombre de cavalerie, vit fuir devant lui 18,000 hommes, commandés par Ferdinand de Velasco et le duc de Mayenne. Le roi mandait à sa sœur, après cette journée : « Peu s'en faut

que vous n'ayez été mon héritier. » A la suite de cette affaire, le roi fit une trève avec le duc de Mayenne.

(6) *Cathédrale de Soissons.* — La construction de la cathédrale de Soissons ne paraît pas remonter au-delà de six siècles; mais il est probable que sur le même emplacement il existait jadis une autre église fort basse, d'un style analogue à celles qui furent bâties par les premiers chrétiens, et dont on assigne l'origine à la fin du ive siècle, époque où les corps de S. Gervais et de S. Protais furent découverts par S. Ambroise, évêque de Milan, et d'où les reliques de ces saints furent distribuées dans l'Italie et dans les Gaules. Ce qui accréditerait cette opinion, c'est que, sous le règne de Louis-le-Débonnaire, cette ancienne église était desservie par des clercs ou des chanoines qui vivaient en commun, usage qui n'a subsisté que durant quelques siècles.

Pépin, dit *le Bref*, premier roi de la seconde race, fils de Charles - Martel, parvint à la couronne de France l'an 751 : c'est le premier de nos rois qui se soit fait couronner et sacrer. La cérémonie se fit dans la cathédrale de Soissons, par S. Boniface, légat du pape, et archevêque de Mayence.

(*Présid. Henaut.*)

Ce fut au xie siècle que l'on jeta les fondemens de la cathédrale telle que nous la voyons aujourd'hui. Il fallut plus d'un siècle pour terminer cet édifice.

Sous l'épiscopat de Haimard de Provins, soixante-unième évêque de Soissons, les travaux reçurent une très-grande activité. Ce prélat y contribua par le sacrifice d'une partie de ses revenus. Eléonore, comtesse de Vermandois et de Valois, alors propriétaire de la forêt de Retz, permit qu'on abattît les bois nécessaires à la charpente du chœur et à la boiserie des stalles. La seconde tour n'était que commencée, lorsqu'en 1414 Charles VI vint assiéger Soissons, qui tenait au parti du duc de Bourgogne. Les travaux furent interrompus, et l'église resta en cet état jusqu'en 1567 et 1568, que la ville fut encore ruinée par suite des guerres de religion. L'édifice n'éprouva, à la vérité, aucun dommage à l'extérieur, mais l'intérieur fut totalement dévasté.

Le principal monument qui ait été élevé dans ce temps, et qui soit digne d'attention, est le jubé.

Un plan pour l'embellissement de l'église avait été conçu par M. Stoff; mais la mort de M. de Fitzjames, évêque de Soissons, en suspendit l'exécution. Les travaux ne furent repris qu'en 1767, sous l'épiscopat de M. de Bourdeilles. Louis XV, auquel ce prélat s'adressa, fit don de 30,000 liv. Des chanoines contribuèrent particulièrement pour d'assez fortes sommes ; le chapitre se chargea du reste de la dépense, qui excéda 200,000 liv.

La cathédrale de Soissons est inférieure à celle de Laon, sous le rapport de l'architecture. Elle n'a qu'une seule tour, et bien moins élégante que celle de la basilique à laquelle on vient de la comparer. La petite partie de la croix n'est pas complète, elle est terminée, dans une de ses extrémités, en équerre, et de l'autre, en cercle, ce qui est d'un mauvais effet.

Parmi les tableaux qui ornent l'église, celui de Rubens, représentant l'adoration des bergers devant la crèche, mérite d'être cité : c'est un présent qui, dans le temps, fut fait par le peintre lui-même aux cordeliers de la ville, comme un témoignage de sa reconnaissance envers les religieux, qui lui avaient prodigué des soins durant la maladie dont il fut attaqué à son passage à Soissons dans l'un de ses fréquens voyages. La conservation et la restauration du tableau sont dues à M. Hollier, peintre et professeur de dessin à Soissons.

La cathédrale, qui avait été préservée au milieu des orages de la révolution, ne fut pas à l'abri des effets de l'explosion du magasin à poudre, survenue le 13 octobre 1815. La commotion fut si forte, qu'une partie des vitraux fut brisée, et les portes mêmes détachées de leurs gonds.

Cet événement nécessita les changemens qu'a subis le portail en 1819.

(7) *Château de Marchais.* — Le château de Marchais, situé à une petite demi-lieue de Liesse, fut habité par Madame la duchesse de Berri, depuis le 21 mai 1821, jour de son arrivée, jusqu'au 23, jour de son départ

Ce fut pour recevoir Charles IX que le cardinal de Lorraine, alors archevêque de Reims, fit construire ce château que François 1ᵉʳ visita souvent. On voyait encore, il y a quelques années, le lit où reposa ce monarque.

(8). *Hôtel de la préfecture* Ce serait sans doute ici le lieu de donner des détails étendus sur une ville qui abonde en souvenirs historiques, mais le public ne tardera pas à être dédommagé de notre silence. L'hôtel de la préfecture était, avant la révolution, une abbaye de bénédictins. Cet édifice fut occupé jusqu'en 1800 par l'administration départementale, et successivement par la cour de justice criminelle. Indépendamment des bureaux, l'hôtel de la préfecture renferme le dépôt des archives, et la bibliothèque de la ville de Laon.

Il ne reste des bâtimens anciens de cette abbaye, que la porte d'entrée, et une partie des murs d'une ancienne église, servant de clôture du côté du midi.

A l'époque où l'on distribua cette abbaye pour en faire le siége de l'administration, on fut obligé d'en démolir l'église, qui se faisait remarquer par son architecture gothique. Une partie du portail fut enlevée avec soin, et rétablie dans les jardins de la préfecture, où elle offre, au milieu des bosquets, l'image d'une belle ruine.

(9) *Tour de Louis d'Outremer* — Louis, fils de Charles-le-Simple, surnommé d'Outremer, parce que Ogine sa mère s'était refugiée en Angleterre, et que Louis y avait passé treize ans, fut appelé au trône par le vœu des Français, pour succéder à Raoul : il fut couronné par Artaud, archevêque de Reims, en 936, à Laon, seule place forte qui lui était soumise. Louis-d'Outremer fit construire la tour royale devant son château, situé sur une éminence à l'entrée de cette partie de la ville qu'on appelait alors le *Bourg*, dénomination qu'elle a conservée.

(10) *Fabrique de Saint-Quentin.* — La fabrique de Saint-Quentin comprend deux objets : la fabrication des linons, batistes et gazes en fil de lin, et celle des tissus de coton.

La première de ces branches d'industrie, dont les produits s'exportaient jadis dans les colonies françaises, en Angleterre, en Portugal, en Espagne, en Italie, dans toute l'Allemagne, en Russie, et dans tout le nord de l'Europe, a perdu beaucoup de son importance depuis trente ans. Plusieurs causes ont amené ce changement; mais la principale est due à la révolution, qui s'est introduite dans nos modes. Saint-Quentin a encore aujourd'hui pour tributaires de ses batistes et linons, la Russie, l'Autriche, la Hollande, les villes anséatiques, et l'Angleterre, qui entre pour moitié dans la masse des exportations, tant pour sa consommation intérieure que pour celle des colonies.

Les provinces de France où le débouché est le plus

actif, sont la Normandie et la Bretagne. C'est en Normandie que l'on importe particulièrement les claires 2/5, qui servent à la coiffure des femmes, soit dans le pays de Caux, soit dans la Basse-Normandie. Le goût de ce genre de toiles ne paraît pas jusqu'ici avoir été entièrement altéré par celui des mousselines. Les produits se débitent principalement aux foires de Caen et de Guibray.

Les négocians, témoins de la décadence d'une branche d'industrie qui fut l'origine de la prospérité du commerce de Saint - Quentin, avaient trop d'intérêt à se mettre à l'abri de nouvelles vicissitudes, pour rester indifférens sur l'emploi des moyens qui s'offraient de donner une autre direction à leurs spéculations. Ils avaient d'autant plus d'intérêt à se livrer à la fabrication des tissus de coton, que cette industrie a la plus grande analogie avec celle qu'ils avaient suivie jusqu'alors.

C'est à M. Arpin père que l'on doit la première filature de coton mise en activité dans le département de l'Aisne : elle fut créée en 1805 à Roupy, village situé à deux lieues de Saint-Quentin. Depuis cette époque le nombre des filatures s'accrut successivement, au point que dans la ville seule de Saint-Quentin on en compte aujourd'hui plus de vingt, tant à mécanique qu'à bras.

Le fil qu'elles produisent est parfaitement approprié à la destination qui lui est donnée. Elles peuvent faire au besoin les plus hauts numéros.

Les premiers tissus de coton sortis des ateliers ont été des basins. Cette fabrication, d'abord très-active, ne tarda pas à se ralentir avec les demandes ; elle fut bientôt remplacée par les toiles d'impression, ou calicots et percales, qui forment encore l'article le plus important de la vente, auquel il faut ajouter les mousselines et toiles de mode. Les progrès de la fabrique furent d'autant plus rapides, que leurs fondateurs, étant tout-à-la-fois filateurs, tisserands et commerçans, trouvèrent dans leurs propres ateliers de tissage l'emploi de leurs cotons filés.

Depuis quelques années on s'occupe avec beaucoup de succès, à Saint-Quentin, de la fabrication du linge de table damassé, à l'instar de celui des fabriques de Saxe et de Silésie. Cette branche d'industrie, nouvelle pour la France, tend à nous affranchir du tribut que le luxe a jusqu'ici payé aux fabriques étrangères ; et la faveur qu'obtiennent les fabriques françaises sur celles des autres pays, pour tout ce qui est objet de goût, permet d'espérer que les produits de MM. Pelletier et Dollé fils (*) ouvriront de nouvelles sources à la prospérité de Saint-Quentin. Une branche d'industrie non moins importante, est celle des schalls bourre de soie, et cache-

---

(*) M. Pelletier fabrique le linge de table en coton, et M. Dollé celui en fil. Ce dernier emploie les métiers à la Jakare, qui contribuent beaucoup au perfectionnement des dessins, et donnent par-là aux produits des fabriques françaises une supériorité sur ceux des fabriques étrangères.

mires français, introduite à Saint-Quentin depuis quelques années par MM. Dufour frères.

Parmi les fabricans de Saint-Quentin qui avaient envoyé à Laon, pour être mis sous les yeux de Madame la duchesse de Berri, les produits de leurs fabriques, on remarquait plusieurs de ceux qui avaient obtenu de glorieuses distinctions, tant à l'exposition de 1806 qu'à celle de 1819. Ne pouvant nommer tous ceux qui se sont empressés de partager l'honneur d'appeler l'attention et de fixer le choix de la Princesse, on a cru devoir renvoyer au rapport du jury central sur les produits de l'industrie française, présenté au ministre de l'intérieur en 1819, et rédigé par M. Costaz, membre de l'institut d'Égypte.

Le ville de Saint-Quentin, déja si importante par son industrie, se trouve de plus favorisée par ce canal qui marque d'une manière éminente parmi les travaux exécutés en France dans ces derniers tems.

(11) *Et en faire des commandes.* — La vannerie fabriquée à Origny, canton d'Hirson, arrondissement de Vervins, est une branche d'industrie particulière au département de l'Aisne : elle occupe une grande partie de la population des villages situés dans le cours supérieur de l'Oise. L'origine de cette fabrication, dont le bourg d'Origny-en-Thiérache, est le centre, remonte à une époque très-éloignée. La qualité des osiers que fournit le sol, et surtout le territoire de Lusoir, paraît avoir favorisé l'introduction de cette industrie, dont les produits consistent en paniers, corbeilles, et autres ouvrages d'osier de différentes formes, et plus ou moins remarquables par l'élégance avec laquelle ils sont tra-

vaillés. La vente de ces objets donne lieu à une spéculation assez étendue, qui ne se borne pas à l'intérieur de la France : il se fait journellement des envois de ces paniers à l'étranger. L'Angleterre en fait une assez grande consommation, et en alimente ses colonies.

Les procédés mis en œuvre dans la Thiérache diffèrent de ceux adoptés par les vanniers ordinaires. Là, on ne pouvait donner aux paniers cette élégance qui rapproche souvent l'osier du tissu le plus fin, qu'en établissant une ensouple, et en faisant agir la navette, à l'exemple du tisserand. A la faveur d'un outil de même forme que ceux dont se servent les orfévres pour le tirage de l'or, l'ouvrier d'Origny parvient à réduire à la plus petite dimension le scion d'osier qu'il se propose de mettre en œuvre.

(12) *De cet édifice* — La cathédrale de Laon peut être considérée comme l'une des plus belles de France. On ignore la date de sa construction. Ce qui paraît le plus certain, c'est que cette église, fort maltraitée par un incendie en 1112, fut réparée en moins de deux ans. On pourvut à la dépense par le produit des collectes que firent des chanoines, dont le pieux zèle fut secondé par celui des habitans de la ville de Laon. Plusieurs d'entre eux se chargèrent de porter processionnellement les châsses des saints, premiers apôtres de la foi dans le pays, non - seulement dans plusieurs provinces de France, mais encore en Angleterre. L'église a 320 pieds de long sur 75 de large, et 170 de hauteur. Les bases et les chapitaux sont tous d'ornemens et de sculptures différens. Les tours, dont l'une était surmontée d'une flèche en pierre de 300 pieds de haut, à partir du

rez-de-chaussée, ce qui correspond à l'élévation de la montagne de Laon, sont admirables par leur délicatesse et leur élégance. Le dôme ou la *lanterne* est d'une hardiesse remarquable ; le buffet d'orgue est d'une belle exécution. La chaire, placée jadis dans l'église de la chartreuse du Val Saint-Pierre, près Vervins, a été travaillée avec beaucoup de goût.

La cathédrale de Laon a beaucoup plus souffert durant les orages de la révolution que celle de Soissons. Le chœur a été dépouillé de ses grilles, autrefois admirées des connaisseurs. Cet édifice qui, considéré comme monument d'art, mérite de fixer l'attention du gouvernement, exige de grandes réparations.

L'évêque de Laon était le second duc et pair ; il portait au sacre de nos rois la sainte ampoule. Le dernier titulaire fut M. de Sabran, successeur de M. le cardinal de Rochechouart, qui avait beaucoup contribué de ses deniers à l'embellissement de l'église.

(13) *Entra dans Liesse.* — Le pélerinage de Liesse a donné naissance à une branche d'industrie qui consiste en fleurs artificielles, espèce de bouquets montés sur un fil d'archal, au moyen de papier grossièrement colorié, auquel on a adapté de la soie et de la laine ; en bimbeloterie ou jouets d'enfans ; en bouteilles vulgairement appelées *bouteilles de la passion.* La majeure partie de ces objets est achetée par les pélerins. La bimbeloterie trouve encore des débouchés dans quelques villes de Flandre. L'importation qui s'en faisait avant la révolution

était favorisée par des échanges entre les fabricans de Liesse, et ceux de Saint-Claude, département du Jura, contrée qui, comme on sait, est en possession d'approvisionner la France des principaux articles appartenant à la tabletterie.

(14) *Fontaine miraculeuse.* — A l'entrée du bourg de Liesse, près de la porte de Laon, se trouve la fontaine *miraculeuse* près de laquelle on a construit une petite chapelle sur l'emplacement où, d'après la tradition, se sont arrêtés les chevaliers d'Eppes, qui ont apporté l'image de Notre-Dame de Liesse. On peut consulter pour les autres détails l'ouvrage de M. Villette, chanoine de la cathédrale de Laon.

(15) *Faibles vestiges.* — Le village de Samoussy, environné de la forêt de ce nom, n'offre plus qu'un rendez-vous de chasse, au lieu même où était placé un ancien château, bâti en 598 par la reine Brunehaut. Plusieurs de nos rois de la seconde race y tinrent leurs cours plénières. Carloman, frère de Charlemagne, après avoir repoussé les Normands qui avaient voulu faire le siége de Laon, vint s'y reposer. Il y prenait les divertissemens de la chasse, lorsqu'il fut attaqué par un sanglier qui le blessa si dangereusement qu'il en mourut.

Un relief en marbre blanc, placé sur le tombeau de Carloman, et représentant le prince expirant de sa blessure, décorait jadis l'église de Saint-Remi de Reims.

Le château de Samoussy plaisait singulièrement à Charles-le-Chauve.

(16) *Charles-Quint* — La ville de Crépy a été fortifiée en 1373. Sous le règne de Charles VI, en 1419, les Anglais se rendirent maîtres de Crépy, dont ils firent une place d'armes; mais l'année suivante, le duc de Bourgogne envoya Jean de Luxembourg pour en faire le blocus. Les habitans s'étaient déclarés pour le dauphin et le duc d'Orléans. Les assiégés firent pendant plus de quinze jours la plus vigoureuse résistance, mais forcés de se rendre, ils firent une capitulation honorable. Le duc de Bourgogne, devenu maître de la place, fit raser les fortifications.

L'an 1544, le 18 septembre, les ministres plénipotentiaires de François 1er et de l'empereur Charles-Quint signèrent à Crépy le traité de paix entre les deux puissances.

François 1er y consentit beaucoup de restitutions, dont la plus importante fut celle des places conquises en Piémont sur le duc de Savoie. Il renonça irrévocablement au royaume de Naples, ainsi qu'au Milanais. On y arrêta, comme compensation de ces sacrifices, le mariage du duc d'Orléans, soit avec la fille, soit avec la nièce de l'empereur, au choix de celui-ci. Il est dit que la fille aura pour dot le duché de Milan, à l'exception toutefois des deux villes de Milan et de Crémone, et que les Pays-Bas, y compris la Hollande et la Franche Comté, formeront la dot de la nièce.

Ce traité fut désavantageux à la France par les démembremens auxquels il pouvait donner lieu, et honteux, parce qu'on laissait l'ennemi se retirer librement,

Crépy eut beaucoup à souffrir sous la ligue. Cette ville se fit remarquer par son dévouement au parti de Henri IV. En récompense, elle fut exempte de taille et de toutes charges publiques sous le règne de ce prince.

(17) *Château de Saint-Lambert, habité par Henri IV.* — Le chateau de Saint-Lambert, dont il ne reste plus aujourd'hui que des ruines, subsistait encore sous Henri IV. Ce prince aimait le château de Saint-Lambert, et il y venait souvent, dit Sully, pour manger du fruit, du lait, du fromage frais, pendant le séjour qu'il fit au château de Marle. Ce roi, dit le même auteur, s'amusait à secouer un prunier dont les fruits lui paraissaient délicieux, lorsqu'il sut que les Espagnols s'approchaient de Laon avec toutes leurs forces.

« Parbleu, Sire, dit Sully, nous venons de voir passer des gens, qui vous préparent bien d'autres prunes, et un peu plus dures à digérer. »

(Mémoires de Sully, Tom. 2, pag. 381.)

On est généralement d'accord sur l'occupation du château de Saint-Lambert par Henri IV, comme poste militaire. En effet, cette petite forteresse, qui paraît être antérieure à son règne, était dans une position avantageuse, à une époque surtout où l'artillerie était encore dans l'enfance. Les constructions sont en majeure partie de grès. L'enceinte était flanquée de tours, dont il ne reste plus que des ruines. La porte, assez bien conservée, défendue par deux tours, l'était encore par une herse et un pont-levis. Un fossé profond, dont l'escarpe et la contre-escarpe étaient revêtues en grès ; entourait la forteresse : en avant de la porte, on voit encore deux redans qui la couvrent. Le plus avancé surtout est encore très-saillant, et forme cavalier par son élévation. Ces deux ouvrages paraissent postérieurs au système de la forteresse, et avoir été élevés par les ordres de Henri IV, lorsqu'il voulut occuper ce poste. Le tout devait être encore défendu de tous côtés par les eaux de l'étang ou lac sur lequel est placé ce château, et qui devaient l'envelopper entièrement dans des temps plus reculés, si l'on en juge par le desséchement successif de cet étang, et par l'étendue, la hauteur et l'épaisseur de la digue en grès de Fressancourt, dont le pied seulement est baigné aujourd'hui par les eaux. On parvenait sans doute au château par la petite chaussée qui y conduit encore aujourd'hui.

La chapelle du château existe encore. Près de ce bâtiment, on en voit un autre en ruines, ainsi qu'un escalier dans une de ses tourelles. Cette pièce s'appelle encore aujourd'hui la *Salle des Gardes*. Très-près de la route actuelle de Laon à Lafère, au lieu dit *la Bovette*, sous cette même route, dans la partie qui passe au pied de la montagne dite *la Couronne-Madame*, on voit un vaste souterrain solidement voûté, et qui paraît n'avoir été bâti que pour une cave à l'usage du château de Saint-Lambert, dont la position dans un marais ne permettait pas de l'avoir plus près. Le nom de *Cave du roi* que les habitans de Saint-Lambert, de la Bovette et de Fourdrain, ont conservé à ce souterrain, semble justifier cette assertion, et porterait à croire que Henri IV fit à Saint-Lambert un assez long séjour.

(18) *Son dévouement à la patrie* — La ville de La Fère, située au confluent de la Serre et de l'Oise, appartenait à Enguerrand, seigneur de Coucy, en 1132. Ce domaine passa ensuite aux évêques de Laon, et l'un d'entr'eux, nommé Roger, en fit la cession au roi Philippe-Auguste, en 1185, à condition qu'il casserait la commune de Laon, ce que ce prince exécuta en 1188. La Fère appartint dans la suite à Louis de Luxembourg, comte de Saint-Pol, qui y fit bâtir, en 1435, le château qu'on y voit encore actuellement. Cette ville, dont les Espagnols étaient les maîtres en 1595, fut assiégée cette même année par Henri IV. Elle soutint un siége long et opiniâtre, et ce ne fut que le 2 mai 1597 que la place et la château furent livrés au roi, qui accorda à la garnison une capitulation honorable.

En 1815, les habitans de La Fère ont donné de nouvelles preuves de dévouement. Grâces aux efforts de la garnison et de la garde nationale, le département de l'Aisne a été assez heureux pour conserver au roi cette ville connue par son arsenal, ses ateliers et son école d'artillerie.

Charles de Bourbon, duc de Vendôme, fils de Marie de Luxembourg, habita La Fère, et ce fut dans cette ville que naquirent ses treize enfans. Les plus célèbres sont Antoine, roi de Navarre, père de Henri IV, Charles, dit le cardinal de Bourbon, qui fut le roi de la ligue, Fran-

.çois, comte d'Enghien, qu'immortalisa la victoire de Cé-
risoles, Jean, comte de Soissons, tué à la bataille de
Saint-Quentin, et enterré à La Fère, et Louis, premier
prince de Condé, qui termina sur le champ de bataille
de Jarnac, une carrière à peu près aussi courte et non
moins glorieuse que celle du comte d'Enghien.

A peu de distance de La Fère, on trouve à Beautor
un monument du règne de Henri IV. C'est une digue en
terre, qui traverse toute la vallée de l'Oise au-dessous de
cette place, et dont les extrémités sont appuyées aux hauteurs d'Andelain et de Beautor. Cette digue, rompue aujourd'hui à quatre ou cinq places, a encore trois mètres au moins de hauteur au-dessus du niveau de la prai-
rie, sur deux mètres 50 à 40 centimètres de largeur à la
crête. Elle a de longueur à peu près toute la longueur
de la vallée, c'est-à-dire 500 mètres environ. Cet ouvrage
est un exemple de persévérance dû à l'armée de siége
commandée par Henri IV qui, ne pouvant, par tous les
moyens employés jusque là, forcer la ville de La Fère à
se soumettre, eut recours à l'inondation, en refoulant
vers cette place les eaux de l'Oise, à la faveur de ce bar-
rage. Ce moyen, qui lui réussit, mit fin à un siége qui
ne fut pas moins glorieux pour les habitans que pour
l'armée royale. Cette digue porte encore aujourd'hui, et
portera sans doute long-temps, le nom de digue de
Henri IV.

En-deça de cette digue, et à peu de distance de la
ville, est ce qu'on appelle vulgairement un *gravier* dans
la rivière d'Oise, c'est-à-dire, un lieu où l'on peut com-
modément descendre dans la rivière. Ce gravier, de

temps immémorial , porte le nom de *Bain du roi*. L'opinion générale est que le roi Henri IV allait s'y baigner,
et qu'ayant couru un jour le danger de se noyer, un ha-
bitant de La Fère, ancêtre de la famille Mouflard , qui
y réside encore aujourd'hui, sauva la vie au prince. Cette
tradition , soigneusement conservée dans la famille et
dans la ville même, cette dénomination de Bain du roi,
et d'autres encore, prouvent que cette contrée est riche,
sinon en monumens, du moins en souvenirs.

(19) *Saint-Gobain*. — Pendant long-temps, Saint-Gobain fut le seul établissement qui coula des glaces. Depuis
quinze ans environ, les mêmes opérations s'exécutent
dans la verrerie de Saint-Quirin (Meuse) ; mais les glaces
de Saint-Gobain n'en ont pas moins conservé cette supériorité qui les distingue si éminemment, et c'est à un tel
point, que les marchands miroitiers ne s'y trompent pas.

Le luxe qui sans cesse va croissant dans toutes les clas-
ses de la société, a considérablement accru l'activité
des travaux de la manufacture de Saint-Gobain : malgré
tous ses efforts, elle peut à peine suffire aux besoins du
commerce. On a rétabli, il y a moins d'un an, l'atelier
destiné au soufflage, pour multiplier les glaces d'un petit
volume. Ces produits, recherchés par le plus grand nombre des consommateurs, s'écoulant au fur et à mesure
de leur fabrication, l'administration a pris le parti de
faire venir de Tour-la Ville, près Cherbourg (Manche),
des ouvriers attachés à cet établissement, qui dépend de
celui de Saint-Gobain.

Depuis le commencement du siècle, la manufacture de Saint-Gobain a entretenu jusqu'à quatre fours, ce qui n'avait pas encore eu lieu avant cette époque.

De grandes améliorations ont été introduites depuis 3o ans par les administrateurs qui se sont succédé dans cet important établissement.

On fabrique actuellement 16 glaces par chaque coulée, tandis que par la première opération, on n'en obtenait que 8.

Une usine créée à Charlefontaine, hameau dépendant de la commune de Saint-Gobain, et dont tout le territoire a été acquis depuis peu de temps par les administrateurs, affranchit pour toujours la manufacture du tribut que l'Espagne lui imposait chaque année pour l'achat de ses soudes. Cette importante usine renferme cinq chambres de plomb de la plus grande dimension, dans lesquelle on fabrique l'acide sulfurique.

(20) *Habitations des ouvriers* — Les ouvriers employés aux travaux de la manufacture de Saint-Gobain, ont chacun leur habitation particulière, les uns dans l'intérieur de l'établissement, les autres à proximité.

(21) *Moment des coulées* — Le plus grand silence est observé par tous les ouvriers, au moment où l'on coule les glaces. Ce fut M. Deslandes, directeur de la manufacture, qui introduisit cet usage.

(23) *MM. les maires de Nogent.* — L'abbaye de bénédictins de Nogent-sur-Couy, était une des plus anciennes et des mieux dotées du département de l'Aisne. L'historien Guibert, qui a écrit au 12ᵉ siècle, était abbé de Nogent. L'un des derniers titulaires fut l'abbé *Poule,* célèbre prédicateur du roi.

Il subsiste encore de cette abbaye, acquise par M. Vielle, membre du Conseil-général du departement de l'Aisne, plusieurs bâtimens très-bien conservés.

(24) *S. A. R. arriva à Coucy.* — Coucy est connu dès le règne de Clovis. Cette terre, une de celles dont ce prince récompensa les services que Saint-Remy lui avait rendus, fut d'abord possédée par les archevêques de Reims et différens seigneurs; elle passa, vers le milieu du 12ᵉ siècle, dans l'illustre maison de Coucy, et fut ensuite acquise par la maison d'Orléans.

Enguerrand, sire de Coucy, IIIᵉ du nom, fit bâtir le château sur les ruines de celui construit par Hervé, archevêque de Reims, et environna la ville de murailles et de tours. Le château avait une enceinte particulière et était défendu par un large fossé : après la traversée de la grande cour, qui était séparée de la ville par une haute muraille et où était la porte d'entrée, on arrivait à celle du château par un pont posé sur cinq piliers qui soutenaient un même nombre de portes; la principale se remarque encore à droite de la grosse tour. Cette dernière a 172 pieds d'élévation, 276 de circonférence, 92 de diamètre et 22 pieds dans son épaisseur. Un pont levis conduisait à cette même tour, défendue par un fossé particulier, et une forte muraille, vulgairement appelée *la Chemise*.

La tour principale se trouvait flanquée de quatre autres tours considérables, avec lesquelles on communiquait facilement.

On ne saurait parler de Coucy sans se rappeler l'histoire ou le roman des amours du châtelain de ce nom et de la dame de Fayel. Les circonstances en sont trop connues pour qu'il soit nécessaire de les retracer ici; nous observerons seulement, 1° que le châtelain mourut en Asie vers 1192; 2° qu'il ne faut pas le confondre avec le sire de Coucy, Raoul Ier, qui périt dans la même croisade; 3° que l'on n'est point d'accord sur le nom du châtelain, que les uns appellent Renaud et les autres Raoul; 4° qu'il était de la maison de Coucy, et que quelques actes font conjecturer qu'il était neveu, et, qui plus est, gendre de Raoul Ier; 5° qu'enfin il paraît assez bien prouvé que la dame de Fayel se nommait Gabrielle de Levergies, et non de Vergy. On peut consulter à ce sujet ce qui a été écrit par le poète de Belloy, par l'infortuné de la Borde, et par l'annuaire du département de l'Aisne, année 1819, où le fait est rapporté dans toutes ses particularités.

C'est le lieu d'avertir que le châtelain de Coucy était le principal officier de la cour du sire. Il avait la garde du château, et son office était un fief, auquel étaient attachés des droits assez considérables.

Coucy figure dans l'histoire par divers siéges qu'elle a soutenus. Cette ville avait autrefois un bailliage et d'autres établissemens assez importans.

(24bis) *Enguerrand III, sire de Coucy.* — Enguerrand, sire de Coucy, 3e du nom, dit le *Grand*, se signala par la magnificence des édifices qu'il fit élever. Indépendamment du château de Coucy, il releva ceux de Marle, de La Fère, augmenta le parc et la maison de Folembray; mais il se rendit encore plus célèbre par sa bravoure dans toutes les guerres, et les expéditions considérables de son temps, qui se firent en France, en Flandre, et en Angleterre.

(25) *Madame la duchesse de Reggio, née Coucy.* — Madame la maréchale, duchesse de Reggio, née Coucy, descend de Thomas de Vervins, frère d'Enguerrand III, qui a fait construire la tour en 1198.

DESCRIPTION

DU

CHATEAU DE COUCY,

EXTRAITE

D'un ouvrage dédié à Catherine de Médicis

PAR

L'ARCHITECTE DUCERCEAU.

(26) Coussy est un chasteau en Picardie, assis sur un lieu hault eslevé, joignant icelui est la ville. Ce lieu fut basty par un seigneur du lieu, nommé Enguerrant de Coussy. Depuis il est advenu aux roys de France, qui le tiennent encores pour le jourd'huy. Il est tout de pierre de quartier, toutefois sauvagement dressé pour le regard de la court, comme apparoist par le plan. Quant aux choses remarquables et dignes d'estre veues, il y a premièrement la grande salle, longue de trente toises, et sept et demie de large, comprint le tribunal, auquel sont les

figures des neuf preuds. Joignant icelle s'en trouve un autre de dix toises et demie sur cinq et demie de large, à la cheminée de laquelle sont les neuf preuses; et toutes les susdites figures tant de l'une que de l'autre salles rondes faites selon le temps modernement. En la grande salle l'on voit encore une chapelle d'assez belle ordonnance. Aux quatre coings du chasteau y a quatre tours; chacune desquelles a dix toises de diamètre comprins la muraille. Dans la cour se voit une autre tour, mais beaucoup plus grosse, ayant quinze toises de diamètre, qui font quarante-cinq de circuit sur la hauteur, vingt sans l'exhaussement des arcs, et est tellement admirable au regard des autres, que, combien qu'elles soyent de bonne grosseur, si vous les contemplez contre celle-cy, elles ne semblent que fuseaux. La place de dedans icelle a huit toises de diamètre vuide; et les sept toises de reste sont les murailles qui ont trois toises et demie d'épaisseur. En cette tour y a trois étages vouttez, et au defini est la terrace couverte de plomb, la première est garnie de puits, moulins, cheminée, four, et de tout nécessaire pour un fort. Les élévations desdits trois étages sont beaux comme pouvez penser par la mesure. Près de l'entrée est une pierre, soutenue de trois figures de lyons, et sur icelle une autre figure de lyon; en la place et devant ladite figure se paye certain tribut par les voisins du lieu. Savoir, est qu'ils sont tenus envoyer tous les ans un rustique, ayant en sa main un fouët pour sonner d'icelui trois coups; avec ce une hotte pleine de tartres et gasteaux qu'il fault qu'il distribue au seigneur : dela touchant la raison de telles cérémonies, on ne la rend autre à ce que j'en ay peu entendre, sinon que ledit seigneur Enguerrant un jour adverti d'aller voir un lyon qui molestait quelques siens voisins pour y mettre ordre, il ne fust pas plustôt arrivé sur le lieu que les rustiques et villageois le lui montrèrent, et ainsi le voyant de si près, vous me l'avez (dit-il) de près montré, et le déffeit aussitost. A cette occasion il ordonna une abbaye en ce lieu, que pour le jourd'huy on appelle encore Presmontré, en tesmoignage de ce que dit est. A letré de la sus dite grosse tour, au-dessus delhui s ⁎, est une figure armée, tenant l'épée avec le lyon comme mesme je le vous ay depeint. Quant aux comodités du bastiment, il n'y en a pas beaucoup, excepté un corps de logis, près l'entrée que le roy François I⁎ feit faire, ce que tout se peult veoir par le plan (*) ici désigné (**). D'où procèdent les bons vins qu'on appelle de Coussy. Le lieu, à cause de son élévation a un beau regard. Devant qu'entrer au logis il fault passer la basse-cour, qui est fermée tant de murailles que de tours, à l'entrée de laquelle se voyent aussi quelques ruines. La ville est petite, toutefois nette, aux environs, en certains endroits, se trouvent des bois.

(*) Ces plans sont deposés à la bibliothèque royale. La copie qu'en a faite M. Vergniaux, peintre, originaire de Coucy, est placée dans une salle de l'hospice de cette ville.

(**) A l'entour de la montagne sur laquelle le château est assis sont plantées des vignes.

A peu de distance de Coucy, est une pièce de vigne, connue sous le nom de *clos du roi;* Cette dénomination justifie le cas particulier du vin de Coucy, à une epoque où nos meilleurs vins étaient à peine en renom.

(27) *Le Grand Puits* — Des fouilles faites en 1819 dans la tour de Coucy, ont fait découvrir un puits de 216 pieds de profondeur, à partir du pied de la tour. Ce puits a 8 pieds de diamètre : sa construction est en pierres dures, aussi belles que si elles venaient d'être posées. On en a retiré plusieurs têtes sculptées avec art : cinq sont parfaitement conservées. Une de ces têtes était très-bien dorée. Il paraît qu'elles étaient au bas des ogives qui soutenaient la voûte du 3ᵉ étage. Les couleurs étaient encore assez vives. On a trouvé également dans ce puits des barils de poudre, des boulets de différens calibres, des affuts, et un canon entier. Sans doute les assiégés auront, avant de se rendre, jeté dans ce puits tout ce qui leur restait de munitions.

(27bis) *Note manuscrite conservée aux archives* — Cette note, écrite de la main de M. Tessaire, premier échevin de Coucy, en 1692, est ainsi conçue :

« Le 18 septembre de cette même année 1692, environ sur les deux heures après midi, il a fait un tremblement de terre fort violent ; il a bien duré l'espace de deux *ave maria :* j'étais pour lors assis sur une pierre que quatre hommes auraient eu peine à soulever, avec un de mes amis, dans son jardin. Nous sentîmes tout d'un coup que cette pierre nous levait, et, jetant la vue en l'air, nous vîmes toutes les tours du château s'ébranler : la grosse, entre autres, balançait de côté et d'autre ; il en tomba des pierres fendues en trois endroits différens, et elle s'est ouverte, en cet endroit, de plus d'un *apas ;* les oiseaux s'en sont enfuis avec impétuosité ; deux heures après ils n'osaient encore se mettre sur la tour. »

Il semblerait que le tremblement n'a fait que hâter les crevasses de la tour, qui déjà avait reçu une forte commotion en 1652, par l'explosion des mines qu'y fit jouer le cardinal Mazarin, pour se venger de la résistance de la ville de Coucy.

(28) *Trosly-Loir.* — Dans ce village était une maison royale ou *métairie*, sous les rois de la première et de la seconde race. Un concile y fut tenu sous Charlemagne.

(29) *Quierzy.* — C'est au château de Quierzy, également habité sous les rois de la première et de la seconde race, que fut fait, en 753, un accord entre Pépin et le pape Etienne II. Etienne reconnut Pépin pour roi de France; et Pépin garantit à Etienne l'exarchat de Ravenne. Ce traité devint la base de la puissance temporelle des papes.

(30) *Dont M. Pingret.* — M. Pingret, peintre et professeur de dessin à Saint-Quentin, a publié, au commencement de l'année 1821, une collection de dessins lytographiés des monumens, établissemens et sites les plus remarquables du département de l'Aisne. Cette utile entreprise, encouragée par M. le baron de Talleyrand, conseiller d'état, préfet de ce département, a été accueillie par les suffrages des plus augustes personnages. S. A. R. Madame la Duchesse de Berri, à qui l'artiste a eu l'honneur de faire hommage de sa collection, a visité plusieurs des lieux dont il a donné les dessins.

(32) *César, Duc de Vendôme.* — Gabrielle d'Estrées, duchesse de Beaufort, naquit au château de Cœuvres, chef-lieu de la duché-pairie de la maison d'Estrées. C'est à ce château, situé à trois lieues de Soissons, et dont il ne reste plus aujourd'hui que des ruines, qu'Henri IV venait visiter la belle Gabrielle durant le siége de la Ferté-Milon. Ce prince, se dérobant à toute sa cour, et même à ses gardes, traversait, sous un simple déguisement, la forêt, et les postes des ligueurs, et parvenait, à travers mille dangers, jusqu'au lieu habité par l'objet de ses plus vives amours.

Il existait encore il y a trente ans à Folembray une espèce de donjon, fort peu important par lui-même, où l'on assurait qu'avait séjourné Gabrielle.

Le siége de Laon commença le 25 mai 1594, et Gabrielle vint s'établir à Coucy, où elle accoucha du duc de Vendôme ; sa naissance est constatée par une inscription gravée sur un marbre, qui est conservée dans la maison habitée par Mad. de Romery. Voici cette inscription :

« L'an 1594, le 7e de juin, entre 12 et 1 du jour, naquit
« en cette salle, et fut depuis baptisé en la chambre de
« dessus Légitimé de France de Vendôme, prince de
« très-grande espérance, fils de très-chrestien, très-
« magnanime, très-invincible et très-clément roy de
« France et de Navarre Henri 4e, et de Mad. Gabrielle
« d'Estrées, duchesse de Beaufort. »

Gabrielle d'Estrées mourut subitement à Paris, le 9 avril 1599. Elle fut généralement regrettée ; elle n'avait conseillé que le bien. La postérité a oublié ses titres, et ne lui a conservé que le nom de la *belle Gabrielle*.

Le Gouvernement a fait don à la ville de Laon d'un bas-relief représentant Gabrielle d'Estrées : ce monument est placé dans la salle de la bibliothèque.

(33) *Par sa singularité*. — Au récit donné plus haut par Ducerceau, sur l'hommage rendu par l'abbé de Nogent, nous ajouterons quelques particularités dont l'architecte ne fait pas mention. — Le fermier de l'abbaye entrait le matin dans la ville de Coucy, monté sur un cheval isabelle, qui avait la queue et les oreilles coupées, et revêtu d'un semoir rempli de blé, auquel étaient attachées des pâtisseries, vulgairement apelées *rissolles* ; un chien roux, qui le suivait, devait aussi n'avoir ni queue ni oreilles, et porter une rissolle au cou ; le fermier attendait dans cet équipage les officiers de la justice et de la municipalité ; puis il s'avançait au milieu d'eux, faisait trois fois le tour d'une croix plantée sur la place, en donnant trois coups de fouet, et allait mettre pied à terre devant quatre lions de pierre, placés au-dehors de l'église. Là, monté sur la table qui portait la plus grande de ces figures, il recevait l'acte de son hommage, et finissait par distribuer ses rissolles au peuple. S'il avait manqué un seul clou aux fers du cheval, ou si la monture indiscrète avait fait quelques in-

congruités pendant la cérémonie, le cheval et tout l'atte-
lage étaient confisqués au profit du seigneur. On dit que
pour éviter ce second inconvénient, le fermier faisait
surveiller l'animal par un homme qui, au plus léger
signe d'une disposition suspecte, le contraignait à la ré-
primer.

D. Du Plessis pense que le but de ce devoir féodal était,
que les moines n'oubliassent pas de qui ils tenaient leur
pain. Le pieux fils du régent le convertit en une presta-
tion annuelle de 150 liv., appliquée à l'instruction de la
jeunesse.

(34) *Folembray.*—Folembray est célèbre dans l'histoire par l'édit 1596, qui amena la paix entre Henri IV
et le chef de la ligue. Le prince traita Mayenne avanta-
geusement, se chargea d'acquitter ses dettes, contractées
pour lui faire la guerre, et lui accorda trois places de
sûreté; deux en Bourgogne, et une en Champagne. Le duc
de Joyeuse fut compris dans cet accommodement, et obtint
le bâton de maréchal de France, avec la lieutenance générale de Languedoc.

(35) *Diane de Poitiers.* — Diane de Poitiers fut
célèbre par sa beauté, et l'empire qu'elle exerça sur
Henri II. Elle mourut le 26 avril 1566, âgée de 66 ans.
Brantôme assure que, six mois avant sa mort, Diane
était encore belle, et montait lestement à cheval.

(36) *Une très-belle verrerie.* — Le département de
l'Aisne possède plusieurs verreries : trois sont situées

dans l'arrondissement de Vervins ; ce sont celles do Nou-
vion, appartenant à M. Caton, et dont les produits
consistent en verroterie ; celle de Quincangrone, près
Hirson, l'une des plus anciennes de la France, est possédée depuis long-temps par MM. de Colnet. On y fabrique exclusivement des bouteilles ; mais les plus importans de ces établissemens sont ceux de Folembray et
Prémontré, placés dans le voisinage de Coucy-le-Château.

La verrerie de Folembray, dont l'origine remonte au
commencement du xviiie siècle, appartient à M. le baron
de Poilly, officier de la Légion d'honneur. Des envois
très-considérables de bouteilles, destinées principalement
à l'approvisionnement de la Champagne et de Paris,
sont faits annuellement par cette importante manufacture, qui a réuni, depuis plusieurs années à cette
branche d'industrie, celle des cloches de jardin. Les
matières extraites sur le sol de l'établissement, donnent
un verre très-clair : il en est résulté une grande per-
fection dans la fabrication des cloches. Folembray est
aujourd'hui seul en possession d'en approvisionner Paris
et les départemens environnans. Les verreries de la
Lorraine, qui fabriquaient autrefois des cloches, n'ont
pu supporter la concurrence avec les produits de la verrerie de Folembray, dont la belle dimension et la clarté
du verre ne laissent rien à désirer.

Les recherches faites pour atteindre par les oxides
diverses, couleurs de verres, ont conduit à des expé-
riences qui ont pour objet de fabriquer des tables et

des dessus de cheminée en verre coulé, imitant les plus beaux marbres et les agates employées aux meubles d'un grand luxe. Une très belle table de ce verre fut envoyée en 1819, par M. de Poilly, à l'exposition des produits de l'industrie française.

A peu de distance de Folembray est une autre verrerie, qui eût pu également exciter l'intérêt de Madame la duchesse de Berri. Cet établissement, créé en 1802 par M. Deviolaine, se trouve situé au centre de la forêt de Coucy, et occupe les bâtimens de l'ancienne abbaye de Prémontré, chef-lieu d'ordre, fondée en 1120 par St-Norbert. On fabrique dans cette manufacture des bouteilles spécialement destinées aux vins de Champagne, des verres à vîtres blancs et à estampes. Cette dernière branche d'industrie est la seule qui existe dans le département de l'Aisne, où elle est depuis peu d'années introduite. Les produits en sont très-recherchés par la capitale et s'exportent même dans les colonies.

(37) *Exécutées à Chauny.* — C'est à Chauny qu'est le dépôt des glaces fabriquées à Saint-Gobain. Elles sont transportées à Paris sur des bateaux, qui, après avoir descendu l'Aisne et l'Oise, remontent la Seine jusqu'à Conflans-Saint-Honorine, point de jonction de ces deux rivières. La ville de Chauny renferme également les ateliers consacrés au poli des glaces De vastes machines, inventées en 1804, ont été construites sur l'Oise. On est parvenu, au moyen de cette mécanique, remarquable par sa simplicité, à exécuter à beaucoup moins

de frais des travaux qui exigaient auparavant le concours d'un très-grand nombre de bras. Depuis quelques mois on a ajouté aux ateliers du poli des glaces celui du *douci*.

Doucir une glace, c'est, après qu'elle est équarrie, en faire disparaître les premières aspérités.

FIN.